MIX
Paper from
responsible sources
FSC® C016466
www.fsc.org
FSC

© 2019 KIDDINX Studios GmbH, Berlin
Redaktion: Jutta Dahn
Lizenz durch KIDDINX Media GmbH
Lahnstraße 21, 12055 Berlin

bibiundtina.de

Bibi & Tina – Neue Gutenachtgeschichten vom Martinshof
© 2019 Panini Verlags GmbH,
Rotebühlstraße 87, 70178 Stuttgart
Alle Rechte vorbehalten.
Verlagsleitung: Gabriele El Hag
Chefredaktion: Nicole Hoffart
Redaktion: Verena Gschwind (verantw.), Ruth Wöhrmann (verantw.)
Redaktionelle Mitarbeit: Julia Herschberger
Geschichten basieren auf den Filmdrehbüchern von:
Vincent Andreas (Wölfe in Falkenstein),
Klaus-P. Weigand (Janoschs Geburtstag, Aufregung auf dem Kupferberg),
Cordula Garrido (Das Wildniscamp)
Textbearbeitung: Carolin Böttler
Lektorat: Helga Kronthaler
Grafik: tab indivisuell, Stuttgart
Druck: Lito Terrazzi Srl, Florenz, Italien
ISBN 978-3-8332-3804-8

www.paninishop.de

Die Deutsche Nationalbibliothek verzeichnet diese Publikation in der
Deutschen Nationalbibliografie; detaillierte bibliografische Daten sind
im Internet über http://dnb.d-nb.de abrufbar.

Inhalt

Wölfe in Falkenstein

Es war ein schöner, sonniger Vormittag, und Bibi Blocksberg, Tina Martin und Alexander von Falkenstein galoppierten auf ihren Pferden Sabrina, Amadeus und Maharadscha um die Wette.

Auf einmal zügelte Tina ihren Fuchshengst. „Schaut mal, da gehen Fiona und Lukas!"

„Das sind die Fotografie-Studenten, die zurzeit auf dem Martinshof wohnen", erklärte Bibi an Alexander gewandt, der die beiden bisher noch nicht kennengelernt hatte.

„Seid ihr auf dem Weg in die Berge?", fragte Alexander die Studenten neugierig, nachdem er sich kurz vorgestellt hatte.

„Ja, wir wollen dort viele schöne Naturaufnahmen machen", antwortete Lukas. „Vielleicht übernachten wir sogar dort!"

„Genug zu essen hätten wir dabei – Tinas Mutter hat uns die halbe Speisekammer eingepackt", fügte Fiona schmunzelnd hinzu.

„Na dann, viel Erfolg beim Fotografieren!", wünschte Bibi den beiden.

Die Studenten wanderten weiter und erreichten nach kurzer Zeit ihr Ziel. Hier schlängelte sich der Bach in einer tiefen Schlucht durch die Berge.

„Wow, das werden super Fotos!", freute sich Lukas.

Plötzlich kullerte ein Stein vor Fionas Füße. Neugierig blickten die beiden nach oben – und trauten ihren Augen kaum: Hinter den Felsen tauchte ein Rudel zottiger grauer Tiere auf.

„Wölfe!", rief Fiona entsetzt und wollte schnell Reißaus nehmen.

Doch Lukas hielt sie zurück. „Die muss ich unbedingt fotografieren", flüsterte er total begeistert, zückte seine Kamera und drückte auf den Auslöser.

Ein kleiner Wolfswelpe erschrak dabei so sehr, dass er mit einem Satz zurücksprang.

Dadurch geriet das Geröll an dem steilen Felshang in Bewegung, und im Nu rollte eine Steinlawine auf die Studenten zu.

Im letzten Moment entdeckte Fiona eine Höhle, und sie flüchteten hastig hinein. Gerade als sie sich in Sicherheit gebracht hatten, prasselten die Steine auch schon herunter und verschütteten den Eingang.

Oje – wie sollten sie da wieder hinauskommen?

Auch der arme, kleine Wolf geriet in Schwierigkeiten: Er wurde von der Steinlawine mitgerissen und landete im Bach. Zum Glück konnte er sich auf ein Stück Treibholz retten. Aber trotz aller Mühe schaffte er es einfach nicht, ans Ufer zu kommen. Die Strömung war viel zu stark, und so trieb das ängstlich fiepende Wolfsjunge hinunter ins Tal.

Dort trabten Bibi, Tina und Alex auf ihren Pferden gerade am Bach entlang.

Tina entdeckte den hilflosen Welpen als Erste. „Schaut mal, ein kleiner Hund!", rief sie.

Alex überlegte nicht lange. Schnell löste er die Leine von Maharadschas Sattel, knüpfte eine Lassoschlinge und fing das Treibholz mitsamt dem kleinen Wolf ein. Rasch zogen die Kinder den Welpen ans Ufer.

Bibi schloss das Tier sofort in die Arme. „Wo kommst du nur her?", wunderte sie sich, während sie über sein nasses Fell strich.

„Vielleicht ist er seiner Mutter weggelaufen?", überlegte Tina.

Da hatte Bibi eine Idee. „Mit ein bisschen Hexerei finden wir das heraus."

Bibi reichte den Welpen an Tina weiter, beugte sich über eine Pfütze und hexte: „Eene meene Kräuterbutter, Wasser, zeig die Hundemutter! Hex-hex!"

Sogleich erklang ein Plingpling, und Hexsternchen flirrten durch die Luft. Doch nichts geschah! Die Freunde schauten sich verdutzt an: Sie konnten ja nicht ahnen, dass es sich bei dem Tier gar nicht um einen Hund handelte. So schnell gab Bibi aber nicht auf. Sie probierte es mit einem anderen Hexspruch, aber auch das funktionierte nicht.

„Der Hund muss ein Waisenjunges sein", vermutete Tina. „Am besten nehmen wir ihn erst mal mit zum Martinshof", schlug sie vor und kraulte das Tier tröstend am Kopf. Bibi nickte zustimmend. „Keine Angst, mein Kleiner! Wir kümmern uns um dich."

Die drei Freunde saßen auf und ritten mit ihrem Findelkind zurück zum Martinshof. Nur ihre Pferde schienen damit nicht einverstanden zu sein. Sie schnaubten ängstlich und wichen vor dem Welpen zurück.

„Das ist doch nur ein junger Hund, Amadeus", beruhigte Tina ihren Hengst.

Auch Bibi und Alex konnten sich gar nicht erklären, warum ihre Pferde so seltsam auf den Kleinen reagierten.

Vor dem Martinshof trafen die Freunde wenig später auf Frau Martin, Tinas Mutter.
„Was habt ihr denn da?", fragte sie neugierig, als sie den Welpen bemerkte.
„Ein herrenloses Hündchen", erklärte Bibi. „Wir dachten ... na ja ... dass ..."
„... dass er bei uns bleiben kann?", vervollständigte Frau Martin Bibis Satz. „Das kommt überhaupt nicht infrage."
„Bitte Mutti!", bettelte Tina. „Wir kümmern uns auch ganz allein um ihn."
Mit großen Augen schaute der Welpe Frau Martin an. „Na gut!", gab sie schließlich nach.
„Hurra!", jubelte Bibi. „Jetzt braucht der Kleine nur noch einen Namen."

„Wie wär's mit Grauohr?", schlug Alex vor.
„Ja, das klingt süß", meinte Bibi, und auch Tina stimmte zu.
Kaum war Frau Martin weitergefahren, entpuppte sich Grauohr als echter Wildfang. Er scheuchte Hahn Hubert über den Hof, knurrte den Ziegenbock Hoheit an und stellte den ganzen Hof auf den Kopf. Es war ein einziges Durcheinander!

Nur dank Bibis Hexkraft gelang es den drei Freunden, wieder alles in Ordnung zu bringen, bevor Frau Martin vom Einkaufen zurückkehrte.

Erschöpft schauten sie Grauohr zu, wie er schließlich friedlich aus seinem Futternapf fraß.

Da kam Förster Christian Buchfink mit seinem Hund Bruno auf den Hof. „Hallo, Kinder!", begrüßte er die drei gut gelaunt. „Alles okay bei euch?"

„Sehen Sie mal, das ist Grauohr!", stellte Tina ihm den neuen Hofbewohner vor.

Und Bibi erzählte, wie sie den Kleinen aus dem Bach gerettet hatten.

Bruno versuchte freundlich, mit dem Welpen Kontakt aufzunehmen, doch der verteidigte knurrend seine Futterschüssel.

„Was bist du denn für einer?", überlegte Herr Buchfink.

„Vielleicht ein Schäferhund? Oder ...?" Der Förster stutzte.

Dann schüttelte er den Kopf. „Nein, das kann nicht sein ... Er sieht fast aus wie ein Wolf!"

„Wölfe gibt es hier doch nicht", warf Alexander ein.

Der Förster nickte. „Das ist richtig! Aber diese Ähnlichkeit ist wirklich verblüffend."

Nachdem Alex sich am Abend auf den Heimweg gemacht hatte, brachten Bibi und Tina den Welpen zum Schlafen in den Stall.

Die Mädchen stellten ihm ein Körbchen hin, doch der Kleine wollte lieber im Stroh schlafen und machte sich dort sein Nachtlager zurecht.

„Er trampelt das Stroh mit seinen Pfoten platt", erklärte Tina ihrer Freundin. „Manche Hunde machen das – genau wie ihre Vorfahren."

Die Freundinnen schauten sich an. „Du meinst ...", begann Bibi, „... wie Wölfe?"

Tina nickte.

Inzwischen war Alex schon fast zu Hause angelangt. Vor dem Schlosstor traf er auf seinen Vater, Graf Falko von Falkenstein, der noch einen Ausritt mit seiner Lieblings-stute Cleopatra unternahm.

„So ein herrlicher Abend!", schwärmte der Graf. „Ich drehe noch eine kleine Runde."

Alex winkte seinem Vater nach. Er würde ihm später von den Erlebnissen des Tages berichten.

Graf Falko war noch nicht weit geritten, als Cleopatra plötzlich laut wieherte und stehen blieb. „Was ist denn los?", fragte der Graf seine Stute.

In diesem Moment lösten sich mehrere dunkle Schatten aus dem Wald. Knurrend näherte sich ein Wolfsrudel dem Grafen. Auf der Suche nach dem vermissten Welpen hatten die Tiere die Berge verlassen und waren hinunter ins Tal gewandert.

Cleopatra bekam Panik und begann zu steigen. Der Graf konnte sich nicht mehr im Sattel halten und landete mit einem entsetzten Aufschrei auf dem Boden. Zum Glück hatte er sich bei dem Sturz nicht verletzt, und es gelang ihm sogar, Cleopatra zu beruhigen. „Wölfe!", murmelte er überrascht. „Das gibt's doch nicht!" Die Wölfe heulten laut, aber der Graf hatte keine Angst. „Fort mit euch! Los, haut ab!", rief er gebieterisch und verjagte damit die Wölfe. Stirnrunzelnd schaute Falko ihnen hinterher. Er nahm sich vor, sofort mit dem Förster darüber zu sprechen.

Auch für Bibi und Tina wurde es eine unruhige Nacht. Grauohr hörte nicht auf zu quieken und zu heulen ... Er wollte einfach nicht alleine sein. Erst als die Mädchen sich zu ihm ins Stroh legten, beruhigte er sich.

Am nächsten Morgen galoppierte Alex aufgeregt zum Martinshof. „Ihr glaubt nicht, was meinem Vater gestern Abend passiert ist! ...", begann er noch ganz außer Puste. „Er ist auf ein Wolfsrudel gestoßen."

„Was?", rief Bibi erstaunt. Auch Tina konnte kaum glauben, was sie da hörte.

„Doch, es stimmt", versicherte Alex. Nachdenklich betrachtete er den Welpen, der eifrig dabei war, sein Frühstück zu vertilgen. „Ich musste gleich an Grauohr denken ..."

Die beiden Mädchen warfen sich erschrockene Blicke zu. „Du meinst, Grauohr ist vielleicht wirklich ein Wolf?", fragte Bibi.

Alex nickte.

Da trat Frau Martin zu den Kindern. Sie hatte alles mit angehört.

„Wenn das stimmt, kann der Welpe nicht hier-
bleiben", sagte Tinas Mutter besorgt.

Die Mädchen sahen sie unglücklich an. „Aber
Grauohr ist doch so süß", wandte Bibi ein.

„Schon, aber vermutlich sucht das Rudel den
Kleinen", erklärte Frau Martin.

Alex pflichtete ihr bei. „Bestimmt machen
sich die anderen Wölfe Sorgen, wenn
Grauohr nicht zurückkommt."

Bei dem Wort „Sorgen" runzelte Frau Martin

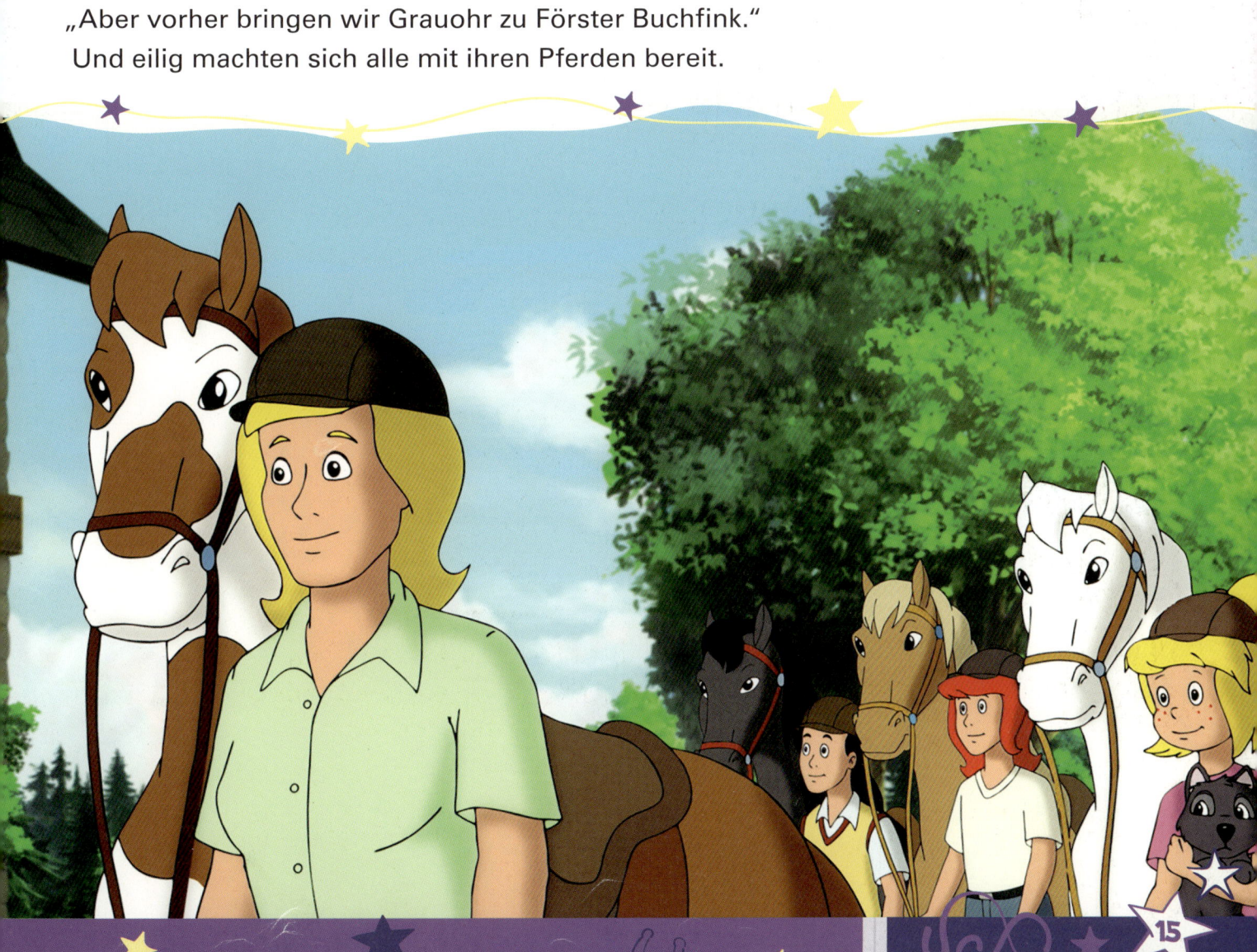

ihre Stirn. „Ich mache mir auch Sorgen. Fiona und Lukas sind noch nicht zurück. Und
auf dem Handy kann ich sie nicht erreichen."

„Denken Sie, den beiden ist etwas passiert?", wollte Bibi wissen.

„Ich würde gerne in die Berge reiten und nach ihnen sehen", antwortete Frau Martin.

„Da kommen wir mit!", rief Tina sofort. Mit einem Blick auf den Welpen fügte sie hinzu:
„Aber vorher bringen wir Grauohr zu Förster Buchfink."

Und eilig machten sich alle mit ihren Pferden bereit.

Fiona und Lukas hatten die Nacht in der Höhle gut überstanden. Dank Frau Martins Proviantpaket hatten sie genug zu essen, und in ihren mitgebrachten Schlafsäcken hatten sie nicht gefroren. „Jetzt kochen wir uns erst mal einen Tee", schlug Fiona vor und reckte sich. So gestärkt würden sie gewiss einen Weg aus der Höhle finden.
Da stieß Lukas einen entsetzten Schrei aus.
„Die Wasserflasche! Sie ist leer."

Oh nein! Die Flasche war umgefallen und ausgelaufen. Mit einem Mal wurde den Studenten mulmig. Ohne Wasser würden sie schnell in Schwierigkeiten geraten.
„Wir müssen hier raus", sagte Lukas verzweifelt und rüttelte an den Felsbrocken, die den Eingang zur Höhle versperrten.
„Was machst du da? Das ist gefährlich", warnte Fiona.
Doch zu spät! Ein paar Felsbrocken lösten sich. Lukas wich zurück, trat dabei auf einen Stein und knickte um. Auweia, nun hatte er sich zu allem Unglück auch noch den Knöchel verstaucht. Jetzt brauchten die beiden wirklich dringend Hilfe!

In der Zwischenzeit waren Frau Martin und die Kinder mit Grauohr beim Forsthaus angelangt. Schon von Weitem hörten sie die aufgebrachte Stimme des Grafen.

„Die Wölfe müssen weg!", erklärte Alexanders Vater gerade.

Herr Buchfink war anderer Meinung. „Es ist doch faszinierend, dass die Wölfe sich wieder hier ansiedeln", entgegnete er. „Früher gehörten sie auch zu unserer heimischen Tierwelt."

Der Graf wollte davon jedoch nichts wissen. „Sie sind eine Bedrohung für Mensch und Tier", widersprach er energisch. „Am Schloss haben sie nichts zu suchen."

Grauohr fiepte nervös, als die Männer weiter lautstark diskutierten.

Der Förster hielt inne. „Was war das denn für ein eigenartiger Laut?", wunderte er sich.

„Das Quieken?", meinte Bibi. „So hat Grauohr fast die ganze Nacht gemacht. Und geheult."

Nun war sich der Förster sicher. „Dann hatte ich also doch recht", sagte er. „Euer Findelkind ist ein kleiner Wolf. Vermutlich ist das Rudel wegen ihm hier aufgetaucht."

Rasch waren sich alle einig, dass sie den Welpen zu seinem Rudel zurückbringen mussten.

Gemeinsam machten sich alle auf den Weg in die Berge: Bibi auf Sabrina mit Grauohr im Arm, Tina auf Amadeus, Alex auf Maharadscha, der Graf auf Cleopatra, und Förster Buchfink ritt bei Frau Martin auf Nora mit.

Nach einer Weile fing Grauohr aufgeregt an zu zappeln. „Willst du runter?", fragte Bibi. Tina ahnte, warum. „Vielleicht weiß er den Weg zu seiner Familie!"

Und tatsächlich: Kaum hatte Bibi Grauohr auf den Boden gesetzt, führte er die Gruppe zu einem kleinen Felsen. Er fiepte und schnüffelte, als auf einmal ein Wolf auftauchte.

„Hoffentlich nimmt die Wolfsmutter ihren Kleinen wieder an, auch wenn er nach Mensch riecht", flüsterte Förster Buchfink. „Das kann manchmal ein Problem sein."

Bibi und Tina drückten fest die Daumen. „Los, lauf zu deiner Mama!", raunte Bibi dem Welpen aufmunternd zu.

Grauohr tapste auf das Wolfsweibchen zu. Die schnupperte an ihm – und schleckte ihrem Kleinen schließlich über das Gesicht.

Alle jubelten erleichtert, als Grauohr wieder zu seinem Rudel sprang.

Ihr Jubel war bis in die Höhle zu hören, in der die zwei Studenten eingeschlossen waren.

Fiona horchte auf. „Da sind Stimmen", sagte sie.

Sofort fassten die beiden neuen Mut und begannen, laut um Hilfe zu rufen.

Frau Martin bemerkte die Rufe als Erste. „Hört ihr? Sind das nicht Lukas und Fiona?"

Alex deutete auf den großen Steinhaufen in ihrer Nähe. „Hier war doch mal der Eingang zu einer Höhle", überlegte er. „Vielleicht wurden die beiden verschüttet!"

„Das haben wir gleich", rief Bibi und hexte kurzerhand. „Eene meene Drachen-Ei, Höhleneingang wieder frei! Hex-hex!"

Sofort ertönte ein Plingpling, und Hexsternchen schwirrten durch die Luft. Das Geröll verschwand, und Förster Buchfink half den beiden Vermissten aus der Höhle. Alles war noch einmal gut gegangen!

Zum Abschied stimmten Grauohr und seine Familie noch ein wunderschönes Geheul an. Da war sogar der Graf fasziniert von den wilden Tieren und meinte: „Solange sie in den Bergen bleiben, kann ich sagen: ‚Herzlich willkommen, ihr Wölfe!'"

Janoschs Geburtstag

Bibi und Tina freuten sich riesig. Endlich würden sie ihre Freunde Mikosch und Janosch wiedersehen. Denn Janosch, der Verwalter des Gestüts Szendrö in Ungarn, hatte sie zu seinem Geburtstag eingeladen.

„Was schenkt ihr Janosch denn zum Geburtstag?", erkundigte sich Frau Martin, als sie die beiden in der Kutsche zum Bahnhof brachte.

„Einen handgestrickten Falkensteiner Wollschal für den Winter", antwortete Bibi. „Und Mikosch besorgt passend dazu noch eine ungarische Wollmütze."

„Das ist ja eine schöne Idee!", meinte Tinas Mutter anerkennend.

Am Bahnhof verabschiedeten sich Bibi und Tina von Frau Martin.

„Juhu, jetzt geht es los!", freute sich Bibi, als sie schließlich im Zug saßen.

„Ja, auf nach Ungarn zu Janosch und Mikosch!", jubelte Tina.

Etwa zur selben Zeit bereiteten in Ungarn Janosch und Mikosch auf dem Gestüt alles für die Geburtstagsfeier vor. „Ich mache es uns ein bisschen schön. Es soll ja gemütlich sein, wenn wir meinen Geburtstag feiern", erklärte Janosch und hob zwei große rote Lampions in die Höhe.

„Ich helfe dir, sobald ich zurück bin", versprach Mikosch. „Jetzt muss ich erst mal Bibi und Tina vom Bahnhof in Greziná abholen."

Mikosch saß auf seinem geliebten Wildpferd Baboschko und führte zwei weitere Pferde mit sich, auf denen Bibi und Tina dann vom Bahnhof zum Gestüt reiten sollten.

„Keine Sorge, ich schaff das schon!", beruhigte ihn der alte Verwalter. „Bring mir einfach die Mädchen wohlbehalten her!"

Fröhlich winkte er Mikosch hinterher, der laut jauchzend mit den drei Pferden vom Hof galoppierte.

Bibi und Tina hatten mittlerweile eine lange Zugfahrt hinter sich.

„Jetzt müssten wir eigentlich bald da sein", überlegte Tina. „Wie heißt noch mal die Station, an der wir aussteigen sollen?"

„Nächster Halt: Geziná", ertönte in diesem Moment eine Durchsage.

„Ja, Geziná – das ist die richtige Station", antwortete Bibi.

Doch als die beiden Freundinnen aus dem Zug stiegen, war auf dem kleinen Bahnhof von Mikosch weit und breit nichts zu sehen.

„Nanu, keiner da?", wunderte sich Tina. „Mikosch kommt doch sonst nie zu spät."

Bibi seufzte enttäuscht. Sie hatte sich so auf das Wiedersehen mit Mikosch gefreut!

„Komm, wir gehen ihm einfach ein Stück entgegen!", schlug Tina vor. „Es gibt ja nur die eine Straße zum Dorf. Hier rumzusitzen und zu warten, bringt ja auch nichts."

„Okay", stimmte Bibi zu. „Ich hexe Mikosch aber zur Sicherheit noch eine Nachricht, damit er weiß, wo wir sind, und wir nicht aneinander vorbeilaufen."

Schnell zückte sie einen Stift und einen Block aus ihrem Rucksack und begann zu schreiben: „Lieber Mikosch! Du warst nicht am Bahnhof in Geziná. Wir gehen dir schon mal auf der Straße Richtung Dorf entgegen."

Dann hexte sie: „Eene meene Hauptgewinn, Nachricht fliegt zu Mikosch hin! Hex-hex!" Augenblicklich ertönte ein Plingpling, Hexsternchen lösten sich von Bibis Fingern und umhüllten den Schreibblock. Das Blatt mit der Nachricht an Mikosch löste sich aus dem Block und faltete sich von ganz alleine zu einem kleinen Papierflugzeug zusammen. Anschließend erhob es sich in die Lüfte und flog davon.

Bibi und Tina waren erst ein kurzes Stück die staubige Straße entlang in Richtung des kleinen Dorfs Geziná marschiert, als Bibi plötzlich stehen blieb. „Hast du das Winseln auch gehört?", fragte sie ihre Freundin.

„Ja, das klang wie ein Hund", antwortete Tina.

Suchend schauten sich die beiden Mädchen um. Da entdeckte Bibi hinter einem Gebüsch einen zotteligen ungarischen Hirtenhund, der hilflos am Boden lag und kläglich winselte. Mit seiner Vorderpfote hatte er sich in einem Draht verfangen.

„Armer Kerl!", sagte Bibi mitleidig. Sogleich hexte sie das Tier frei. Ein Plingpling erklang, Hexsternchen schwirrten durch die Luft, und der Draht verschwand.

„Wer weiß, wie lange er schon in der Hitze lag!", meinte Tina. „Er braucht dringend Wasser."
Rasch holten die Mädchen eine Brotdose aus dem Rucksack und füllten den Deckel mit Wasser aus ihren Trinkflaschen. Sofort begann der Hund dankbar zu schlabbern.

„So, jetzt kannst du nach Hause laufen", forderte Tina den Hund auf.

Die Mädchen wanderten weiter. Nach einer Weile
kamen sie an einen verfallenen Hof.

„Bestimmt können wir dort die Flaschen auffüllen", meinte Bibi.

Die Freundinnen liefen zum Brunnen, als auf einmal die Stalltür aufging und ein grimmig
dreinblickender Mann heraustrat. „Was wollt ihr hier?", brüllte er die Mädchen an.

„Dürfen wir unsere Wasserflaschen am Brunnen auffüllen?", fragte Bibi höflich.

„Nein, dürft ihr nicht!", schrie der Mann. „Fremde sind hier nicht willkommen. Haut ab!"
Mit diesen Worten schlug er die Tür wieder hinter sich zu.

„So ein unfreundlicher Typ …", murmelte Tina schockiert.

„Wir sollten besser weitergehen", meinte Bibi.

Plötzlich hörten sie lautes Geschrei aus dem Stall, gefolgt von einem gequälten Wiehern. Entsetzt sahen sich
die Freundinnen an.

„Der doofe Typ ist offensichtlich nicht nur zu uns so
fies", sagte Tina.

„Los, komm, das müssen wir uns genauer angucken!",
beschloss Bibi. „Da sind ja Pferde drin!"

Die Mädchen schlichen sich in den Stall und konnten kaum fassen, was sie dort sahen:
Fünf wunderschöne Wildpferde standen eng aneinandergedrängt in einer einzigen Box.
„Das gibt's doch nicht!", schimpfte Bibi. „Die armen Tiere sind ja total zusammengepfercht."
„Ja, das ist Tierquälerei", stimmte Tina ihr wütend zu.
Die Freundinnen sahen nur einen Ausweg: Sie mussten die Pferde aus der Box befreien.
Gerade als sie die Boxentür öffneten, stürmte der unfreundliche Typ wieder in den Stall.
„Was wird das hier?", schrie er die Mädchen an.
„Wir lassen die Pferde raus auf das Hofgelände", antwortete Tina mit fester Stimme.

„Die Box ist viel zu eng für sie."
Drohend ging der Mann auf die beiden zu.
Da bekamen die Mädchen Angst, und Bibi hexte
schnell: „Eene meene Sonnenschein, Schreihals
in den Schrank hinein! Hex-hex!"
Sofort erklang ein Plingpling, Hexsternchen
schwirrten um den Mann herum und hoben ihn
in einen alten Schrank, der im Stall stand.
Schnell schloss Bibi die Tür.

In der Zwischenzeit war Mikosch auf dem Bahnhof von Greziná eingetroffen. Doch als der Zug hielt, stieg niemand aus. „Vielleicht haben Bibi und Tina den Zug verpasst!", überlegte er.

In diesem Augenblick flog ein kleiner Papierflieger auf Mikosch zu und entfaltete sich vor seinen Augen. Staunend las Mikosch Bibis Nachricht: „Lieber Mikosch! Du warst nicht am Bahnhof in Geziná. Wir gehen dir schon mal auf der Straße in Richtung Dorf entgegen." Mikosch runzelte irritiert die Stirn. „Geziná? Warum sind sie denn in Geziná?", wunderte er sich. „Wir wollten uns doch hier in Greziná treffen ... Oh Mann, die Namen hören sich aber auch zu ähnlich an! Da haben die beiden wohl die Orte verwechselt und sind am falschen Bahnhof ausgestiegen."

Schnell wendete Mikosch die Pferde und galoppierte weiter in Richtung Geziná.

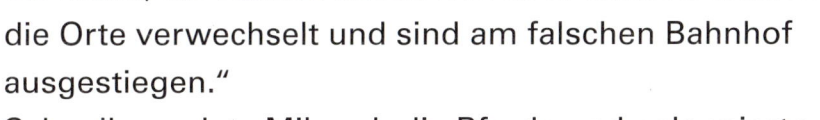

Auf dem Weg kam Mikosch an dem alten Hof vorbei, auf dem Bibi und Tina sich gerade aufhielten. Er wollte schon weiterreiten, als er hörte, wie sich dort zwei Männer über gestohlene Pferde unterhielten, die sie zum Käufer bringen wollten.

In diesem Augenblick stürmten die Pferde auf den Hof, die Bibi und Tina soeben befreit hatten. Die Mädchen folgten ihnen ins Freie.

„Bibi? Tina?", rief Mikosch völlig überrascht. „Was macht ihr denn hier? Was ist passiert?"

„Hallo, Mikosch!", begrüßten die beiden ihren Freund.

„Wir lassen die Pferde nach draußen, raus auf den Hof", erklärte Bibi.

„Aber jetzt flüchten sie ins Gelände", bemerkte Mikosch und zeigte auf die Pferde, die gerade über das Gatter sprangen.

„Oh nein, das haben wir nicht gewollt! Wir müssen hinterher!", rief Bibi. „Erklärung kommt später."

Blitzschnell schwangen sich die Mädchen auf die Pferde, die Mikosch für sie mitgebracht hatte, und die drei galoppierten den flüchtenden Pferden hinterher. Zum Glück erreichten sie sie schon bald und trieben die kleine Herde zusammen.

Währenddessen hatten die Pferdediebe auf dem Hof, der ihnen als Geheimversteck diente, ihren Kumpanen im Schrank gefunden.

„Was machst du da drin, Lazlo?", fragte einer von ihnen den unfreundlichen Mann.

„Blöde Frage, Andor!", polterte der Befreite. „Zwei Kinder haben mich hier eingesperrt." Er schaute sich um und wurde noch wütender. „Wo sind die Pferde?", wollte er wissen.

Béla, der andere Mann, verzog entschuldigend das Gesicht. „Die blöden Gäule haben

uns fast überrannt und sind über alle Berge. Und diese Kinder sind hinterhergaloppiert."

Lazlo geriet außer sich: „Und da steht ihr noch hier rum? Los, hinterher! Die Gören sollen uns kennenlernen."

In Windeseile kletterten die drei Ganoven auf ihre Pferde und folgten den Spuren, die die Kinder und deren Pferde hinterlassen hatten.

„Bewegt euch! Tempo! Wir müssen sie schnell einholen", brüllte Lazlo.

Bibi, Tina und Mikosch hatten mittlerweile einen schönen Vorsprung.

„Was machen wir denn jetzt mit den Wildpferden?", fragte Bibi ihre Freunde.

„Wir können sie auf keinen Fall zurückbringen", erklärte Mikosch. „Die Männer auf dem Hof sind nicht nur Tierquäler, sondern auch Pferdediebe. Ich habe gehört, dass sie gestohlene Pferde verkaufen wollen."

„Oh nein, dann werden sie uns bestimmt verfolgen!", überlegte Tina.

Da hatte Mikosch eine Idee: „Lasst uns durch den Fluss reiten! So verlieren sich unsere Spuren."

Nachdem sie eine Weile stromaufwärts geritten waren, machten sie bei einer Scheune Pause, damit die Pferde sich im Schatten etwas ausruhen konnten.

„Wir sollten die Diebe stellen", meinte Tina.

„Ja, aber dazu müsste man sie auf frischer Tat ertappen", wandte Mikosch ein.

„Jetzt kümmern wir uns erst mal um die Pferde", schlug Bibi vor. „Wir sollten sie nach Szendrö bringen, Janosch kann uns bestimmt weiterhelfen."

Inzwischen waren die drei Pferdediebe in wildem Galopp den deutlich sichtbaren Spuren der kleinen Herde gefolgt. Doch Mikoschs Plan ging auf: Am Fluss endeten die Hufabdrücke.

„Na klasse! So hätte ich es auch gemacht", knurrte Lazlo wütend.

„Wohin reiten wir jetzt? Flussaufwärts oder flussabwärts?", fragte Andor.

„Vergiss es!" Lazlo winkte ab. „Die Pferde sind futsch."

Béla verzog das Gesicht. „Dann gibt's wohl leider keine Kohle …"

„So einfach ist das nicht! Der Käufer wartet auf die Tiere", gab Lazlo zurück. „Also müssen andere Pferde her."

Seine Kumpane verstanden sofort und grinsten böse.

„Wo habt ihr noch mal die nächsten Pferde ausgespäht?", wollte Lazlo wissen.

Béla antwortete: „Auf Gestüt Szendrö, das liegt hier ganz in der Nähe."

Die drei Männer wendeten ihre Tiere und ritten davon – direkt in Richtung der Koppeln von Gestüt Szendrö!

Als die Diebe wenig später die Koppeln von Gestüt Szendrö erreichten, entdeckten sie dort Janosch. „Mist, da ist jemand!", ärgerte sich Lazlo und beschloss: „Ich lenke ihn ab, und ihr holt die Pferde!" Während sich seine Kumpane von hinten den Pferden auf der Weide näherten, ritt Lazlo auf Janosch zu und fragte: „Entschuldigung, können Sie mir helfen? Wo geht es denn hier nach Geziná? Oder Greziná …?"

Janosch lachte. „Oh, das sind zwei ganz unterschiedliche Dörfer!", erklärte er freundlich. In diesem Augenblick wieherte die Stute neben Janosch panisch auf. Sie hatte Béla und Andor bemerkt, die ihre Freunde auf der Koppel zusammentrieben! Als Janosch sich umdrehte und die beiden sah, erschrak er so sehr, dass er stolperte und in den Brunnenschacht hinter sich fiel. Zum Glück war das Wasser nicht tief, aber alleine konnte der alte Verwalter nicht aus dem Schacht herausklettern. „Holen Sie mich hier raus!", rief er Lazlo zu. „Da sind Pferdediebe! Wir müssen sie aufhalten!" Aber Lazlo lachte nur gehässig und ritt davon, um seinen Kumpanen zu helfen.

Genau in diesem Moment kamen Mikosch, Bibi und Tina herangaloppiert.

„Oh nein, da sind ja die Pferdediebe!", rief Bibi. Sie hatte die Männer sofort erkannt.

„Die wollen eure Wildpferde klauen, Mikosch", bemerkte Tina entsetzt.

„Bibi! Tu was! Du musst hexen!", bat Mikosch seine Freundin.

Die kleine Hexe reagierte sofort und hexte: „Eene meene mit Kawumm, Fesseln um die Diebe rum! Eene meene mit Verlaub, alle vor uns in den Staub! Hex-hex!" Es machte Plingpling, und Hexsternchen flirrten um die drei Bösewichte herum. Daraufhin wickelte sich ein dickes Seil um die Diebe, und die drei landeten gefesselt vor Bibi, Tina und Mikosch auf dem Boden.

„Jetzt haben wir sie auf frischer Tat ertappt und geschnappt", freute sich Mikosch.

Da hörten die Freunde Janosch aus dem Brunnen um Hilfe rufen. Schnell zogen sie den alten Mann aus seinem feuchten Gefängnis.

„Was für ein Glück, dass ihr gekommen seid!", begrüßte er die Kinder erleichtert.

Kurz darauf ertönte ein lautes Bellen. Erstaunt sahen sich die vier um – und erblickten den Hirtenhund, den Bibi und Tina in Geziná befreit hatten. Er war den Kindern die ganze Zeit gefolgt und wollte sich nun für ihre Hilfe bedanken. Daher hatte er – ganz, wie er es gelernt hatte – die Pferdeherde zusammengetrieben, die während des Durcheinanders mit den Dieben panisch auseinandergerannt war.

„Schaut euch das an! Er kann das wirklich richtig gut", rief Janosch.

Der zottelige weiße Hund kam herbeigelaufen und sprang Janosch freudig in die Arme.

„Fein hast du das gemacht!", lobte der alte Mann. „Du bist ein echter Profi."

„Der Hund war vorher so scheu", staunte Tina.

„Aber doch nicht bei Janosch", lachte der Gutsverwalter. „Alle Tiere lieben Janosch!"

Und das schien wirklich der Fall zu sein. Offensichtlich hatte Gut Szendrö einen neuen Hirtenhund bekommen!

Am Abend feierten die Freunde Janoschs Geburtstag. Die Lampions verbreiteten ein gemütliches rotes Licht, und ein großes Lagerfeuer prasselte in der Mitte des Hofes. Gemeinsam sangen Bibi, Tina und Mikosch dem Geburtstagskind ein Ständchen.

Janosch bedankte sich. „Das war ein aufregender Tag", meinte er. „Ich bin so froh, dass wir unsere Pferde retten konnten und auch mein Freund Zoltán all seine Tiere zurückbekommen hat."

„Und die Polizei hat sich gefreut, endlich die Diebesbande zu fassen", sagte Bibi.

„Ja, unglaublich, wie lange die schon gesucht wurde!", stimmte Tina zu.

Doch nun sollte sich auch Janosch freuen. Gespannt packte er seine Geschenke aus: einen kuschligen Schal von Bibi und Tina und die Wollmütze von Mikosch.

„Das sind die tollsten Geschenke der Welt", sagte er und strahlte. „Was für ein wunderschöner Geburtstag!"

Aufregung auf dem Kupferberg

„Lauf, Sabrina! Hüüüh!", rief Bibi ihrer geliebten Stute zu. Auch Tina und Alex feuerten ihre Pferde kräftig an. Die Freunde konnten es kaum erwarten, beim Schloss anzukommen. Denn Graf Falko von Falkenstein hatte ihnen eine Überraschung versprochen.

Im Schloss erwartete der Graf sie bereits.

„Schön, dass ihr so schnell gekommen seid!", begrüßte er die drei und zeigte ihnen eine Landkarte. „Auf diesem Berg liegt unsere alte Kupfermine. Ich möchte sie wieder in Betrieb nehmen, und ihr könntet mir dabei helfen!"

„Ja, aber wie?", fragte Tina gespannt.

„Nun ...", räusperte sich der Graf. „Umgestürzte Bäume versperren den Eingang zur Mine. Meine Leute dort brauchen zwei Arbeitspferde, um den Eingang wieder freizuräumen. Ihr könntet die Tiere auf den Berg bringen. Allerdings müsstet ihr dazu mit dem Floß übersetzen und auf dem Berg übernachten. Denn der Weg dorthin ist ziemlich lang."

Bibi, Tina und Alex stimmten begeistert zu.
Das klang nach einem tollen Abenteuer!
Schon am nächsten Tag ging es los. Ein Mit-
arbeiter des Grafen übergab ihnen die Kaltblüter.
„Das sind Tim und Tom", erklärte er.
„Ihr seid aber zwei Schöne", sagte Bibi zu den
Pferden und strich ihnen sanft über das Fell.
Die Tiere ließen sich von den Mädchen brav
auf das Floß führen.
„Guten Tag! Ich bin Hans", begrüßte sie der Flößer freundlich.
„Ich heiße Alexander. Und das sind Bibi und Tina", stellte Alex sich und die Mädchen vor.
„Wo soll ich euch denn absetzen?", wollte Hans wissen, während er Alex half, das Zelt,
die Schlafsäcke und den Proviant der drei Freunde auf dem Floß zu verstauen.
„Wir wollen zum Kupferberg", antwortete Alex.
Der Flößer nickte. „Prima! Da oben ist die Natur wirklich wunderschön und seit Jahren
unberührt", erzählte er.

„Aber was wollt ihr denn dort oben?", fragte Hans weiter.

„Wir wollen hoch zur alten Mine", antwortete Alex. „Sie gehört meinem Vater, und er möchte sie wieder in Betrieb nehmen."

„Waaaaaas?" Der Flößer schaute den Sohn des Grafen entsetzt an, als er von dem Vorhaben hörte.

„Aber … aber das geht doch nicht!", murmelte er. Hans war wie vor den Kopf geschlagen.

Er war ein großer Naturfreund. Er kannte und liebte die Natur und all die Tiere, die auf dem Kupferberg lebten. „Das kann ich auf gar keinen Fall zulassen", dachte er bestürzt. Doch Alex hatte sich bereits den Mädchen zugewandt und bemerkte die Reaktion des Flößers gar nicht.

Zusammen banden die Freunde die Pferde am Floß fest und versorgten sie noch mit etwas Heu. Dann legte das Floß ab.

Hans konnte nicht fassen, dass die Kupfermine wieder in Betrieb genommen werden sollte. Verzweifelt überlegte der Flößer, wie er das verhindern konnte. Er war so in Gedanken, dass er gar nicht richtig auf den Fluss achtete, während er das Floß steuerte.

„Hans, passen Sie auf! Da vorn ist ein Felsen!", schrie Bibi plötzlich.

Dicht vor dem Floß ragten spitze Steine aus dem Fluss. Und die Strömung trieb sie direkt darauf zu.

„Oh nein! Das kommt von der Grübelei!", stöhnte Hans und stemmte sich mit aller Kraft gegen das Steuerruder.

Doch es war zu spät! Er schaffte es nicht mehr, die Fahrtrichtung des Floßes zu ändern.

„Bibi! Tu was!", rief Tina.

Die kleine Hexe reagierte blitzschnell und hexte: „Guter Schluss, versink im Fluss! Hex-hex!"

Der Nothexspruch funktionierte: Mit einem Plingpling und umschwirrt von Hexsternchen versanken die Felsen unter der Wasseroberfläche, und das Floß schwamm unbeschadet weiter. Erleichtert atmeten alle auf.

Die weitere Fahrt verlief ruhig, und schon bald setzte Hans die Kinder mitsamt den Pferden sicher am Fuße des Kupferbergs ab.

Unschlüssig schaute der Flößer ihnen nach, als diese den Aufstieg begannen. Dann gab er sich einen Ruck und murmelte: „Ich muss das Vorhaben verhindern. Ich darf nicht zulassen, dass die herrliche Natur dort oben durch die Arbeiten in der Mine zerstört wird und die Tiere ihren Lebensraum verlieren." Er band das Floß hinter einer Flussbiegung fest und folgte Bibi, Tina und Alex heimlich den Berg hinauf.

Beim Aufstieg bewunderten die drei Freunde die unberührte Landschaft. Nach einer Weile hatten sie es geschafft und waren oben auf dem Kupferberg angekommen.

„Boah, ist das toll hier!", freute sich Bibi.

„Schaut mal, ein Seeadler!", rief Alex aufgeregt.

Begeistert beobachteten sie, wie der seltene Vogel zu seinem Nest hoch oben auf einem Baum flog. Hier auf dem Kupferberg war es wirklich wunderschön!

Wenig später entdeckte Alex den Eingang zur alten Kupfermine. Rostige Schienen führten in den Berg hinein, und vor dem Eingang lagen umgestürzte Baumstämme. „Sieht so aus, als wäre seit Ewigkeiten keiner mehr da gewesen", meinte Alex. „Du willst wohl gleich mit der Arbeit loslegen, was, Alex?", neckte ihn Tina. „Na ja, wo wir schon mal hier sind, könnten wir es doch probieren und einen Baumstamm mit den Pferden wegziehen", erwiderte Alex. Gemeinsam legten sie die Gurte um einen Stamm und schirrten Tim und Tom davor an. „Hü, Tim und Tom! Los geht's", gab Bibi den Pferden das Kommando zu ziehen. Langsam setzten sich die Tiere in Bewegung und zogen den Baumstamm von den Schienen.

Doch da geschah es: Der Stamm ruckte zur Seite und schlug kräftig gegen den Baum, auf dem sich das Nest des Seeadlers befand. Der Baum schwankte hin und her, der brütende Seeadler flog erschrocken auf, und eins der Eier fiel herunter!
Mit einem schnellen Hexspruch konnte Bibi das Ei gerade noch retten und ins Nest zurückbefördern.

Erschrocken blickten die Freunde sich an.

„Puh, das war knapp!", sagte Tina.

Alex nickte. „Und wenn mein Vater mit den Arbeitern kommt, dann gibt's bestimmt noch mehr Durcheinander ..."

„Die armen Tiere!", seufzte Bibi bedrückt.

Nachdenklich betrachteten die drei die unberührte Natur. Doch in diesem Moment begann es heftig zu regnen. Dicke Regentropfen prasselten auf den Boden.

„Schnell, wir müssen das Zelt aufbauen!", rief Bibi.

„Und die Pferde brauchen einen Unterstand", stellte Alex fest.

Die drei zogen sich eilig ihre Regenjacken an und zurrten eine Plane zwischen zwei Bäumen fest, sodass Tim und Tom schon bald geschützt im Trockenen standen.

Dabei bemerkten sie nicht, dass der Flößer Hans sie die ganze Zeit über beobachtete.

Der Flößer wollte unbedingt verhindern, dass die Mine wieder in Betrieb genommen wurde. Während Bibi, Tina und Alex ihr eigenes Zelt aufbauten, schlich er sich zu den Pferden und band sie los.

„Ganz ruhig, ich tu euch nichts!", flüsterte er ihnen zu. „Ich bring euch nur hier weg. Denn die Mine darf nicht freigeräumt werden."

Tim schnaubte, und Tom scharrte mit den Hufen. Doch der starke Regen übertönte die Geräusche, sodass Hans die Pferde unbemerkt wegführen konnte.

Es regnete immer heftiger, und der schmale Bergpfad, der sich den Kupferberg hinabschlängelte, verwandelte sich in eine gefährliche Rutschbahn. Da donnerte es auch noch kräftig: *kra-wumm!* Tim und Tom wieherten panisch, stürmten los und zogen Hans mit sich. Dabei verloren sie den Halt auf dem glitschigen Boden und rutschten in rasender Geschwindigkeit einen steilen Abhang hinunter.

In allerletzter Sekunde bremste ein Felsvorsprung ihren Absturz. Puh, das war Glück im Unglück! Doch wie sollten sie hier je wieder wegkommen?

Mittlerweile hatten Bibi, Tina und Alex bemerkt, dass die Pferde verschwunden waren.

„Ich hatte die beiden fest angebunden", beteuerte Bibi und blickte sich ungläubig um. „Schaut mal, da vorn ist eine Rutschspur, und es geht steil bergab. Kommt schnell, vielleicht sind sie abgestürzt!"

Während die drei Freunde den Weg nach unten rannten, so schnell sie konnten, riefen sie laut nach den beiden Pferden: „Tim, Tom? Wo seid ihr?"

Zumindest hatte der Regen nun nachgelassen, aber der schlammige Weg war sehr glatt.

„Hallo! Ist da jemand? Helft mir, bitte!", hörten sie in diesem Augenblick jemanden panisch rufen.

„Das ist Hans", erkannte Bibi sofort und blickte den Abhang hinunter in die Richtung, aus der die Hilferufe kamen.

Da entdeckten die Freunde den Flößer mitsamt den Kaltblütern auf dem Felsvorsprung.

„Wie kommt der Flößer denn hierher?", wunderte sich Tina. Doch da bemerkte sie im Felsvorsprung plötzlich einen Riss, der sich rasch vergrößerte. „Wir müssen sie retten. Der Felsen wird gleich abbrechen", schrie sie.

Aber bevor sie etwas tun konnten, brach der Felsvorsprung ab, und Hans, Tim und Tom stürzten in die Tiefe.

Jetzt konnte nur noch ein Nothexspruch helfen! Schnell rief Bibi: „Gutes Werk, auf den Berg! Hex-hex!" Da erklang das Plingpling, und eine Wolke Hexsternchen beförderte Hans und die Pferde sicher nach oben.

„Danke für die Rettung!", stammelte Hans. „Ich muss mich entschuldigen. Um zu verhindern, dass die Mine wieder in Betrieb geht, habe ich die Pferde weggeführt. Ich wollte nur die Natur schützen", sagte er kleinlaut.

„Darüber reden wir morgen", meinte Alex. „Jetzt müssen wir uns erst einmal ausruhen."

„Ihr könnt bei mir übernachten", schlug der Flößer vor und führte sie zu seiner Hütte.

Am nächsten Morgen setzte sich Hans mit den drei Freunden auf die Wiese vor seiner Hütte und begann zu erklären: „Es tut mir leid, was ich getan habe. Aber ich musste einfach irgendetwas machen! Ich will nicht, dass an diesem Ort wieder gearbeitet wird und ständig Betrieb herrscht. Die Natur ist hier so einmalig schön, und es gibt so viele seltene Tiere. Sie sollen weiterhin ungestört leben können. Ich beobachte sie schon seit Jahren, seit ich mir die Hütte hier gebaut habe."

Die Kinder nickten nachdenklich und schauten sich um. Da entdeckten sie am Waldrand eine Wildkatze, die mit ihren Jungen spielte, und Tina zeigte begeistert auf den Adlerhorst. Die Adlerküken waren in der Nacht geschlüpft!

„So etwas erlebt man nur hier oben", sagte Hans stolz.

„Und die Arbeit in der Mine würde das alles zerstören", meinte Bibi betrübt.

„Aber wie können wir meinem Vater das nur ausreden?", grübelte Alex.

Noch bevor die Kinder sich darüber Gedanken machen konnten, wurden sie von einer fröhlichen Stimme überrascht. „Guten Morgen, meine Lieben!", rief Graf Falko von Falkenstein.

Er war gemeinsam mit seinem Butler Dagobert auf den Kupferberg gestiegen, weil er den Kindern etwas mitzuteilen hatte. „Ich habe meine Pläne geändert. Das Geschäft mit der Kupfermine erscheint mir viel zu riskant. Aber …"

„Ja?" Gespannt sahen die Kinder und der Flößer den Grafen an.

„Hans, ich brauche Sie als Helfer", verkündete Alexanders Vater. „Was halten Sie davon, künftig als Führer für Naturfreunde zu arbeiten? … Im Naturschutzgebiet Kupferberg?"

Hans konnte sein Glück gar nicht fassen. Seine Tiere und die unberührte Natur waren nicht mehr in Gefahr! Und er würde vielen Menschen zeigen dürfen, wie wunderschön es hier oben war. Begeistert stimmte er zu.

Freudestrahlend schauten Bibi, Tina und Alex sich an. Das Naturparadies Kupferberg war gerettet!

Das Wildniscamp

Die Sonne lachte vom Himmel, als Bibi, Tina und Alexander auf ihren Pferden einen Feldweg entlanggaloppierten.

„Schneller, Sabrina!", rief Bibi ihrer schneeweißen Stute zu.

„Tempo, Amadeus! Wir sind die Ersten am Wegweiser", feuerte auch Tina ihren Fuchshengst an. Beinahe gleichzeitig erreichten die beiden Mädchen das Ziel.

Eine Sekunde später kam auch Alex auf seinem herrlichen Rappen Maharadscha am Wegweiser an. „Das war knapp", sagte er und lachte. Dann zeigte er auf den Pfeil.

„Da entlang geht's zum Wildniscamp! Ich freue mich schon so darauf."

„Ja", pflichtete Bibi ihm bei. „Das wird super! Es ist echt nett von deinem Vater, dass er uns diesen Aufenthalt im Jugendcamp geschenkt hat."

Tina nickte. „Ein Trainingskurs mit Pferden zum Überleben in der wilden Natur. Echt spitze!" Gespannt ritten die Freunde weiter zum Eingang des Naturparks.

Ein großer blonder Mann stand mit drei Kindern am Treffpunkt und winkte ihnen zu. „Willkommen! Schön, dass ihr da seid!", begrüßte er sie. Der Trainer stellte sich als Rüdiger Rehberg vor. „Ich werde euch zeigen, wie ihr euch in der Natur zurechtfindet." Die anderen Kinder hießen Pia, Leon und Tim.

Doch bevor sie alle gemeinsam ins Camp ritten, hatte Herr Rehberg noch eine Frage. „Du bist Bibi Blocksberg, die kleine Hexe, stimmt's?"

Bibi nickte lächelnd.

Aber Rüdiger Rehberg schien gar nicht begeistert zu sein. „Hexerei möchte ich hier nicht haben … Im Kurs sollt ihr lernen, aus eigener Kraft in der Wildnis klarzukommen."

Die kleine Hexe verstand, was er sagen wollte. „Okay, ich werde eine Hexsperre für den gesamten Naturpark hexen. Dann kann ich dort nicht mehr hexen." Sie bewegte ihre Finger. „Eene meene Spiegelei, im Camp klappt keine Hexerei! Hex-hex!" Sofort machte es Plingpling, und eine Wolke von Hexsternchen erhob sich in Richtung Wildniscamp.

Damit war der Trainer zufrieden.

Nun startete Rüdiger Rehberg auch gleich mit dem Unterricht. „Ich bin heute schon mal mit meinem Pferd Sunny zu unserem Lagerplatz geritten. Ihr müsst also nur Sunnys Spur folgen, um den Weg dorthin zu finden."

Bibi beugte sich auf Sabrina vor. Deutlich sah sie die Hufabdrücke, die bis zu einer felsigen Stelle führten. „Hier endet die Spur", stellte sie fest.

Herr Rehberg sagte: „Auch abgeknickte Äste können Spuren sein."

Gemeinsam fanden die Kinder das Camp. Dort erklärte der Trainer: „Ich habe in meinen Satteltaschen für Notfälle eine Axt, Seile, Karabiner und ein paar Seilrollen. Ihr versucht

aber, nur mit den Sachen auszukommen, die ich euch hier eingepackt habe." Er verteilte kleine Taschen an alle. Neugierig überprüften die sechs den Inhalt. „Angelzeug, Nadel und Faden, Flaschenkorken, Magnet, Pinzette, Mini-Apotheke und eine Lupe ...", zählte Bibi auf.

„Und ein Buch mit Tipps, wie man sich in wilder Natur durchschlägt", ergänzte Tina.

Jetzt konnte das Abenteuer beginnen! Herr Rehberg schickte die Kinder los, um Feuer-
holz zu sammeln, Pilze zu suchen und auch sonst alles für ihr Abendessen vorzubereiten.
Bibi und Tina schichteten trockenes Holz und dürre Äste auf. Mit der Lupe aus dem
Täschchen gelang es ihnen, ein prasselndes Lagerfeuer zu entzünden. Alex und Tim
versuchten sich im Angeln. Alex erwischte eine Forelle – aber leider konnte er sie nicht
festhalten. Pia und Leon hatten mehr Erfolg und fanden jede Menge essbarer Pilze.
Am Abend saßen alle erschöpft, aber zufrieden am Lagerfeuer und ließen sich eine
leckere Pilzsuppe schmecken.

„Alles ist sehr gut gelaufen bisher. Ihr habt prima
mitgemacht", lobte Herr Rehberg die Gruppe.

„Und was unternehmen wir morgen?", wollte Pia
wissen.

„Morgen lernt ihr, wie ihr euch orientieren könnt",
antwortete der Trainer und zeigte ihnen eine Karte.

„Schaut, hier im Norden liegt der Ausgang des Parks.
Dort müssen wir hin." Er reichte Pia das Blatt Papier.
„Pass gut darauf auf!"

Nach dem Essen kuschelten sich alle in ihre Schlafsäcke und waren bald eingeschlafen.
So ein aufregender Tag an der frischen Luft machte einfach müde.
Am nächsten Morgen erwachten Bibi und Tina durch ein seltsames Geräusch.
Bibi schaute auf – und bemerkte einen fremden Mann, der in den Sachen von Rüdiger
Rehberg herumwühlte. Er hielt Sunny am Zügel, aber Herr Rehberg selbst war weg.
Und auch Alex' Schlafplatz war leer.

„He, was machen Sie da?", rief die kleine Hexe.

„Oh!" Der Fremde erschrak und fiel auf seinen Hosen-
boden. „Ich wollte euch nicht wecken. Ich … äh …"

„Wo ist Herr Rehberg denn?", erkundigte sich Tina.

„Der … ist verhindert", stammelte der Mann.

„Mein Name ist Franks, und ich bin … die … äh …
Vertretung, ja! Ich soll euch zum Ausgang bringen.
Und dafür brauche ich die Karte."

Bibi und Tina sahen sich misstrauisch an. Ihr Kurs sollte jetzt schon vorbei sein? „Rüdiger
Rehberg würde uns nie so einen als Vertretung schicken", flüsterte Bibi ihrer Freundin zu.
Hier stimmte doch etwas nicht!

Tina blickte sich suchend um. „Wo ist Maharadscha? Und warum hat der Typ Herrn Rehbergs Pferd Sunny?" Die Freundinnen beschlossen heimlich, sich auf die Suche nach Alex und ihrem Trainer zu machen.

„Wir kommen gleich zurück", rief Bibi dem seltsamen Herrn Franks zu. „Wir müssen nur eben unsere Wasserflaschen auffüllen."

Schnell ritten die zwei davon. Im Wald trafen sie wenig später auf Alex, der Beeren fürs Frühstück suchen gegangen war. Er hatte gesehen, wie Herr Rehberg mit Sunny das Lager verlassen hatte.

Gemeinsam folgten die drei den Hufspuren – und machten bald eine überraschende Entdeckung: Mitten auf einer Lichtung im Wald stand ein kleines Flugzeug! Vorsichtig näherten sie sich der Maschine. Auf einmal zügelte Bibi ihre Stute. „Hört mal!", raunte sie ihren Freunden zu.

Nun hörten es die Freunde auch. Aus dem Inneren des Flugzeugs ertönten Hilferufe und lautes Klopfen. Offenbar war jemand darin eingesperrt. Das konnte nur Herr Rehberg sein!

Schnell befreiten Bibi, Tina und Alex ihren Trainer aus dem Flugzeug.

Der erzählte ihnen, was passiert war: Er war vom Motorengeräusch eines Flugzeugs aufgewacht und hatte beobachtet, wie es notlandete. Sofort war er aufgebrochen, um seine Hilfe anzubieten. Es war niemand verletzt, aber das Flugzeug hatte einen Motorschaden. Herr Rehberg wollte bei der Reparatur helfen. Als er aber in der Maschine nach Werkzeug gesucht hatte, war ihm stattdessen ein Kästchen mit Diamanten in die Hände gefallen … Der Pilot war ein Diamantenschmuggler! Dann war es zu einem Handgemenge gekommen, bei dem Herr Rehberg sich den Fuß verknackste, und der fiese Kerl sperrte ihn im Flugzeug ein. Leider hatte er dem Schurken zuvor schon verraten, wo das Wildniscamp lag.

„Und jetzt ist dieser Gauner bei Pia, Leon und Tim und will mithilfe der Karte den Weg aus dem Naturpark finden", schlussfolgerte Tina.

Der Trainer nickte unglücklich. „Ja, er will schnell weg von hier. Und ich hab ihm gesagt, dass ihr eine Landkarte habt."

Rüdiger Rehberg hielt sich seinen schmerzenden Knöchel. „Ihr müsst ohne mich mit der Gruppe zum Nordausgang reiten und dem Campwächter dort Bescheid geben."

„Und der Diamantenschmuggler?", fragte Alex.

„Den nehmt ihr mit", antwortete der Trainer. „Aber er muss ahnungslos bleiben."

Während Bibi und Tina aufsaßen, entschied Alex, bei dem verletzten Herrn Rehberg zu bleiben.

„Ihr müsst uns Rauchzeichen geben", sagte die kleine Hexe noch, bevor sie losritten. „Dann kann ich euch vom Ausgang aus zurückhexen."

Im Camp hatten die anderen drei Kinder inzwischen schon gemerkt, dass mit dem Ersatztrainer etwas nicht stimmte. Da er sich so komisch verhielt, hatte Pia sich geweigert, ihm die Karte zu geben.

Als Bibi und Tina im Lager eintrafen, brachen alle zusammen auf. Unterwegs nutzte Bibi eine unbeobachtete Minute, um den anderen zu erzählen, was passiert war. Gemeinsam schmiedeten sie einen Plan. Sie würden schon dafür sorgen, dass der fiese Diamantenschmuggler nicht davonkam!

Doch zunächst standen die Kinder vor einer ganz anderen Herausforderung: Die Karte war vom Regen nass geworden und dadurch völlig unleserlich. Jetzt wusste keiner mehr, in welcher Richtung der Nordausgang lag.

„Zu blöd, dass die Sonne nicht scheint!", grübelte Tim. „Sonst könnten wir uns an ihrem Stand orientieren."

Da hatte Bibi eine Idee. Sie zog das Büchlein mit den Überlebenstricks aus ihrer Tasche und blätterte aufgeregt darin. „Hier! Der Notkompass! Den wollte Rüdiger Rehberg heute mit uns bauen."

Die Kinder strahlten. Jetzt konnten sie zeigen, was sie draufhatten. Mit den Magneten aus ihren Gürteltaschen magnetisierte jeder seine Nadel, steckte sie in einen Korken und setzte diesen auf eine Pfütze.

„Durch die Erdanziehungskraft zeigt die Nadel nach Norden", erklärte Leon.

Und tatsächlich: Alle Nadeln in den Korken drehten sich und wiesen in dieselbe Richtung. Es hatte geklappt!

Jetzt wussten sie zumindest, wohin es ging! Aber das Abenteuer war noch nicht vorbei: Auf ihrem Weg Richtung Norden kamen sie an eine steile Schlucht. Obwohl die Pferde scheuten, trieb der fiese Herr Franks Sunny vorwärts und ritt den schmalen Abstieg hinunter. Pia und Tim folgten ihm vorsichtig. Dann war Leon an der Reihe. Doch plötzlich geriet Leons Stute auf dem abschüssigen Pfad ins Rutschen und riss eine gewaltige Menge Geröll mit sich. Glücklicherweise kamen sie unverletzt unten an – nur der Weg war jetzt nicht mehr passierbar. Und es gab auch keinen anderen Ausgang aus der Schlucht. Die vier und ihre Pferde saßen fest!

„Nur steile Wände", schimpfte Herr Franks. „Ich will hier raus."

„Keine Sorge!", erwiderte Bibi. „Uns fällt schon was ein."

Und so war es auch: Das Büchlein von Herrn Rehberg war wieder die Rettung! Dort stand, wie sie mithilfe der Seile und Rollen einen Lastentransport bauen konnten. Es funktionierte, und so konnten Amadeus und Sabrina mit vereinten Kräften die vier Eingesperrten mitsamt ihren Pferden aus der Schlucht befreien.

Dann endlich hatten sie es geschafft: Vor ihnen lag der Ausgang des Naturparks. Unter einem Vorwand galoppierte Bibi voraus und erzählte dem Wächter eilig, was passiert war. Dieser reagierte genau richtig und spielte sofort mit. Freundlich begrüßte er den falschen Trainer. „Schön, dass Sie da sind! Würden Sie bitte absteigen und unterschreiben, dass alles seine Richtigkeit hat?"

Grummelnd schwang sich Herr Franks von Sunnys Rücken und trat in die Hütte des Wächters. Der schlug blitzschnell die Tür hinter ihm zu und drehte den Schlüssel um. Wütend hämmerte der Diamantenschmuggler gegen das Fenster, aber der Campwächter sagte nur: „Ha! Da kann er warten, bis die Polizei kommt."

Bibi nickte zufrieden. Dann verließ sie den Park und spähte umher. Da hinten stieg eine Rauchsäule in den Himmel. Alex hatte ihren Rat befolgt. „Jetzt weißt du ja, wo sie sind", lachte Tina.

Und Bibi rief: „Eene meene brauner Bär, Herr Rehberg kommt von dort hierher! Eene meene alter Herd, genau wie Alex und sein Pferd! Hex-hex!"

Mit einem Plingpling und in einer Wolke von Hexsternchen tauchten sogleich Rüdiger Rehberg, Alexander und Maharadscha auf – direkt vor dem Eingang zum Naturpark. Denn außerhalb funktionierte Bibis Hexerei natürlich wieder! Die Kinder jubelten, und Pia rief fröhlich: „Das war das beste Abenteuer, das ich je erlebt habe."

„Wir waren echt ein super Team", bestätigte Tina. „Wir haben diese Herausforderung hervorragend gemeistert." Auch Rüdiger Rehberg war begeistert davon, wie toll sich seine Schüler geschlagen hatten. „Und das ganz ohne Hexerei!", zwinkerte er Bibi zu.

„Jetzt haben sich alle eine Stärkung verdient", fand Bibi und hexte: „Eene meene Qual der Wahl, komm herbei, du Wildnismahl! Hex-hex!" Ein Plingpling ertönte, und umgeben von magischen Hexsternchen erschien vor ihnen ein leckeres Festmahl. „Sieht super aus!", staunte Alex, und auch Herr Rehberg gab zu: „So ein bisschen Hexerei kann ja doch sehr schön sein ..."

Spannende Abenteuer

Bibi & Tina — Buch + DVD

Die größten **Abenteuer**

ISBN 978-3-8332-3723-2

In diesem Buch mit DVD warten vier spannende Geschichten zum Vorlesen, Selberlesen und Lachen auf euch. Ob bei der Suche nach einem Diamanten, bei einer Zirkusvorführung oder beim Pferdeflüster-Training – zusammen mit Alex meistern Bibi und Tina jede Herausforderung.

Bibi & Tina

Meine liebsten **Gutenachtgeschichten**

ISBN 978-3-8332-3512-2

Stimmungsvolle Geschichten zum Träumen! Hier nehmen Bibi und Tina ihre Fans mit zu ihren schönsten Pferdeabenteuern. Ob bei einer nächtlichen Schatzsuche in der Burgruine, auf der Spur eines Hundediebes oder bei einem ereignisreichen Inselausflug – Bibi und Tina können sich immer aufeinander verlassen.

Bibi & Tina

Mein großes **Fanbuch**

Alles über Bibi und Tina und ihre Pferde!

ISBN 978-3-8332-3468-2

Pferdefans erfahren in diesem Buch jede Menge Wissenswertes über Bibi und Tina, deren Lieblingspferde, den Martinshof und das Reiten. Außerdem gibt es Spiele, Rätsel und natürlich spannende Geschichten vom Martinshof.

Bibi & Tina

Pferdewissen mit **Bibi** und **Tina**

ISBN 978-3-8332-3469-9

Bibi und Tina wissen alles über ihre Lieblinge. In diesem Buch erklären sie dir die wichtigsten Dinge rund ums Pferd. Vom Putzen übers Reiten bis zum ersten Ausritt erfährst du hier alles über dein Lieblingshobby und deine Lieblingstiere.

mit Bibi&Tina®

Freunde sind das Beste, was es gibt. Das finden auch Bibi und Tina. Damit auch deine ersten Freunde unvergessen bleiben, können sie sich hier mit kleinen Einträgen und einem selbst gemalten Bild verewigen. Dazu gibt es einen Geburtstagskalender und Platz für deine liebsten Fotos!

Meine Kindergartenfreunde

ISBN 978-3-8332-3702-7

Ferienspaß mit Bibi und Tina

ISBN 978-3-8332-3613-6

Ob Freundschaftsarmbänder basteln, einen Führstrick flechten oder einen tollen Beste-Freundinnen-Tag erleben – hier gibt es viele spannende, lustige und kreative Anregungen für die Ferienzeit.

Auf DVD

Ab 25. Oktober 2019 im Handel!

Geheimnisvolle Weihnachtszeit

Am ersten Weihnachtsfeiertag kommt Bibi auf den Martinshof. Alles ist herrlich geschmückt, und es liegt Schnee. Leider lässt Bibi am Bahnhof das Geschenk für Tina liegen, und später ist es weg. Es waren neue Schlittschuhe! Beim Eislaufen an der Alten Mühle entdecken sie ein kleines Mädchen, das sie trägt. Doch sie ist keine Diebin, dahinter steckt eine rührende Geschichte. Da beschließen Bibi und Tina, Weihnachtsmann zu spielen!

Tante Paula auf dem Schloss

Als Tante Paula zu Besuch auf den Martinshof kommt, erzählt sie zufällig, dass der Graf und Susanne Martin sich vor 25 Jahren auf einem Ritterfest kennengelernt haben. Bibi, Tina und Alexander kommen auf die Idee, zur Erinnerung heimlich noch mal ein solches Fest auf dem Schloss zu organisieren. Zum Glück muss der Graf für ein paar Tage weg, und Tante Paula soll auf die drei aufpassen. Doch das gibt ein ganz schönes Chaos!

Als Hörspiel

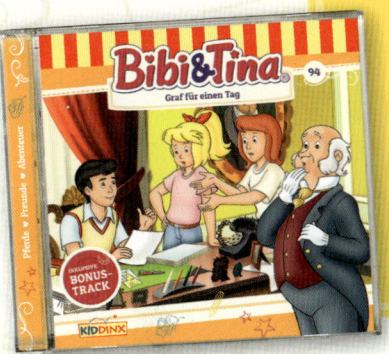

Graf für einen Tag

Alexander wird von seinem Vater gebeten, ihn einen Tag lang als Graf zu vertreten, während er auf einer Jagdgesellschaft ist. Bibi und Tina helfen ihm zunächst dabei, doch dann gibt es Streit. Sie wollen, dass ein Schutzzaun im Wald entfernt wird, weil er Tiere gefährdet. Alexander aber will das nicht einfach so entscheiden.

KIDDINX